CDブック

大祓《おおはらい》知恵のことば

葉室頼昭

春秋社

おおはらえのことば

たかまのはらにかむづまります　すめらがむつかむろぎ　かむろみのみこともちて　やほよろづのかみたちを　かむつどへにつどへたまひ　かむはかりにはかりたまひて　あがすめみまのみことは　とよあしはらのみづほのくにを　やすくにとたひらけくしろしめせと　ことよさしまつりき　かくよさしまつりしくぬちにあらぶるかみたちをば　かむとはしにとはしたまひ　かむはらひにはらひたまひて　こととひしいはねきねたちくさのかきはをもことやめて　あめのいはくらはなち　あめのやへぐもを　いづのち

わきにちわきて　あまくだしよさしまつりき　かくよさしまつり
しよものくになかと　おほやまとひだかみのくにを　やすくにと
さだめまつりて　したついはねにみやばしらふとしきたて　たか
まのはらにちぎたかしりて　すめみまのみことのみづのみあらか
つかへまつりて　あめのみかげひのみかげとかくりまして　やす
くにとたひらけくしろしめさむくぬちに　なりいでむ　あめのま
すひとらが　あやまちおかしけむくさぐさの　つみごとは　あま
つつみくにつつみここだくのつみいでむ　かくいでば　あまつみ
やごともちて　あまつかなぎをもとうちきり　すゑうちたちて
ちくらのおきくらにおきたらはして　あまつすがそをもとかり
たち　すゑかりきりて　やはりにとりさきて　あまつのりとのふ

とのりとごとをのれ　かくのらば　あまつかみはあめのいはとをおしひらきて　あめのやへぐもをいづのちわきにちわきて　きこしめさむ　くにつかみはたかやまのするゐひきやまのするゐにのぼりまして　たかやまのいほりひきやまのいほりをかきわけて　きこしめさむ　かくきこしめしてば　つみといふつみはあらじと　しなとのかぜのあめのやへぐもをふきはなつことのごとく　あしたのみぎりゆふべのみぎりを　あさかぜゆふかぜのふきはらふことのごとく　おほつべにをるおほふねを　へときはなち　ともときはなちておほうなばらにおしはなつことのごとく　をちかたのしげきがもとを　やきがまのとがまもちて　うちはらふことのごとく　のこるつみはあら

じと　はらへたまひきよめたまふことを　たかやまのすゑひきや
まのすゑより　さくなだりにおちたぎつはやかわのせにます　せ
おりつひめといふかみ　おほうなばらにもちいでなむ　かくもち
いでいなば　あらしほのしほのやほじのやしほぢのしほのやほあ
ひにます　はやあきつひめといふかみ　もちかかのみてむ　かく
かかのみてば　いぶきどにます　いぶきどぬしといふかみ　ねの
くに　そこのくににいぶきはなちてむ　かくいぶきはなちてば
ねのくにそこのくににます　はやさすらひめといふかみ　もちさ
すらひうしなひてむ　かくさすらひうしなひてば　けふよりはじ
めてつみといふつみはあらじと　はらへたまひきよめたまふこと
を　きこしめせと　かしこみかしこみもまをす

はじめに

大祓詞《おおはらえことば》というのは、これを唱えればすべての罪・穢れが祓われるという言葉であるというので、ずっと昔から唱えられてきました。この大祓の言葉は、日本で最も古い祝詞がいくつかある、その中のひとつですが、この祝詞だけがいまだにずっと唱え続けられ、全国の神社で毎日唱えられています。

なぜこの祝詞だけが続いているのかということをずっと昔から考えてきました。今回、春秋社から大祓についての本を書いてほしいと頼まれ、改めて考えておりますと、やはり続ける、続いているというのは真実のことだけであり、また逆に、長く続けると真実の神のいのちというものが現れてくるのです。私が昔からこの大祓の祝詞について考えていたことは、真実のことだと確信したのです。

しかし、どうしてこの言葉を唱えたら罪・穢れが祓われるのかということは、もちろん私には分かりませんし、今までそれを分かった人は日本に一人もいないだろうと思うのです。昔から、大祓の言葉の文字の解釈ということはたくさんの人がやっていて、そういう本はたくさんありますが、文字を解釈して、それで罪・穢れが祓われたということは、一度も聞いたことがありません。だから祝詞を理解するというのは文字の解釈ではない。それは違うのではないかと思います。

それで、この祝詞の本当のこころを知るには、まず自分で唱えてみなければ分からないだろうと思い、毎日、大祓を唱えることをはじめたのです。とくに夜、寝るときにはかならず大祓を唱えながら寝る。昼間でも、何かしているときでも大祓を唱えながらやるということを、ずっと続けています。しかし、いくら唱えても何の変化もないし、自分の罪・穢れが祓われたということがぜんぜん分からない。しかし、実行しなければ本当の意味は分からないと思って、唱え続けていました。

するとあるとき、ふと気がついて、罪・穢れが大祓の祝詞で祓われるというのはこんなことなのかなと、分かってきたような気がしたのです。それはどういうことなのかということですが、体では分かっているのですが、残念なことに、いまだこれを言葉で説明することができないのです。

私は健康のために週に一度ほど息子に全身の鍼治療を行なってもらいますが、治療を受けた直後は、いったいどこが健康になったのかよく分からない。ところが翌日になってみると、そういえば昨日の晩はトイレにもあまり行かなかったし、よく眠ることができた。なんとなく体の調子がよくなったなと、いつも感じています。なにかこういったことと、大祓を唱えて罪・穢れが祓われるということが、同じことのようにも思われるのです。

それにしても自分で感じたことをどうして言葉で表すことができないのか。自分で感じたのだからそれを言葉で表せるだろうという人もいますが、神さまの世界というか、真実の世界というのは知恵の世界であって、この知恵の世界というものに理屈はないのです。理屈のないものを、言葉という理屈で説明することができないのは、ある意味で当たり前のことです。

ところで、免疫細胞であるTリンパ球がどのようにしてばい菌を認識するのか、という話をいつもしているのですが、これはなにか理屈で知るのではなくて、子供のときに存在する胸腺《きょうせん》というものをTリンパ球が直接さわることによって、「自己」というものに目覚めていくのです。そして、自己というものを持ったTリンパ球が、体に入ってきたばい菌を直接さわることにより、これは自分とは違うということを知って抗体を作り、ばい菌をやっつけるということなのです。

こういうシステムを人間は免疫の組織、免疫システムとして作り上げることによって、進化してきました。これはつまり、自分と違うものは排斥する。けれども逆に、自分と同じものは受け入れてひとつになるというシステムでもあります。

この自己ということを言葉で説明しようとすると、これもまた理屈になってしまうのですが、あえて言えば、これは「自己」と「自我」の違いということになります。どういうことかというと、自己は自我と違って、祖先から母親を通じて伝えられるものであるということです。では、この自己というのはいったい何であるか。

それを一番分かりやすく説明できるのは皮膚の移植です。私は長年、形成外科医として植皮ということをやってきましたが、この移植を行う場合、その人自身の皮膚でなければ移植はできないのです。たとい親や兄弟の皮膚であっても絶対に移植できません。それが自分の皮膚であれば、他の場所からもってきた薄い皮膚でも、くっついて再び生きることができるのです。考えてみれば、これは非常に不思議なことですが、皮膚も自己というものをしっかりと持っていますから、自分の皮膚であればひとつになって生きようとする。そこに生命が生まれてくるのです。このように理屈ではなく、実際に、ふれることによって真実が分かるのです。

人間には五感というものが備わっています。目で見る視覚、耳で聞く聴覚、鼻で匂いを嗅ぐ嗅覚、舌で味わう味覚、そして皮膚の触覚というのがありますが、この触覚がそのまま脳へいくのです。皮膚と脳とは、医学的に見て同じ外胚葉性のものであって、皮膚で感じたものは直接、脳へいきます。この「さわる」ということを通して、人間だけが自己というものを知るようになったのです。これがまた神さまの素晴らしい知恵で、そのようになったと思うのです。

宇宙の知恵とか、神さまの知恵というようなものは、目で見たり耳で聞いたり、いわゆる五感で感じることができないものですが、昔、中臣氏のだれかが、神のこころというか、知恵というか、そういうものをおそらく「肌」で感じ、それをそのまま脳に伝達し、言葉として記憶して、ひとつの文章として語られたのが、この大祓の言葉であると思うのです。

ところで、神さまはどのようにして人間に言葉を与えてこられたのか。自然から入ってきた情報を動物はただ五感で感じるだけですが、それをどのようにして人間が言葉として記憶し、語るようになったのか。その仕組みは非常に難しくて誰も分かりません。

しかし、言葉というのは元来、自然から入ってくる知恵の情報を表現するものだと私は思っています。ところが、知識がだんだんと多くなるにつれ、知恵を表す言葉から、理屈の言葉に代わってきたのが現代であって、とくに現代の日本人は多くの人が知恵のない理屈だけの言葉を喋るようになりました。

これは、この宇宙の素晴らしい世界を認めて表現させるために、人間を誕生させられた神さまのおこころに反するのではないかと私は思っています。理屈というものは、すべて知恵の上に成り立つものであって、知恵のない理屈だけの言葉にはいのちが存在せず、それは滅亡する言葉ではないかと私は思っています。

ですから、得た知識や自分の思ったことを普通の言葉で喋れば、もうそれは理屈の言葉になってしまうので、神さまの知恵を表すことはできません。肌で感じたことをそのまま言葉として語ることができるのは、まったく理屈なく語っている、いわゆる「大和《やまと》言葉」しかないのではないかと私は思うのです。

この大和言葉というのが、どのようにしてできてきたのかということは、もちろん分かりませんが、日本人は共生という生き方で自然と一つになってきた民族ですから、この共生という生き方で相手とひとつになる。そういうところから、自然の知恵がそのまま脳の中に伝わり、それがそのまま言葉になって出てきた、世界でも特異な言葉ではないかと、私は思うようになりました。

毎日毎日、理屈を考えないで、私はこの大和言葉で書かれた大祓詞を唱え続けていますが、そうすると何か頭から理屈が抜けていくような感じがしてきています。自然の知恵というか、神さまの知恵というのが、なにかどんどん頭の中に感じられるような気がしてくるのです。これがいわゆる罪・穢れが祓われるということなのかなと、最近感じてきました。

大祓詞を唱えることによって、罪・穢れが祓われるというのは、理屈がすこしずつなくなっていくことではないだろうか。そういえば大祓詞の「祓」という字と、「抜」という字とはよく似ています。この大祓詞をこれから毎日繰り返し唱え続ければ、あるいはこの理屈で凝り固まった人間社会から抜け出すことができるのではないか。そのような夢が出てきました。

もちろん理屈のしがらみに縛られた人間社会から抜け出るということは不可能に近いことでしょうが、できるかもしれないという夢を持つことができるだけでも、未来に光が現れてくるのではないでしょうか。理屈で解釈するのではなく、無我になって何遍もこの大祓詞を唱え続ければ、神の知恵、神のいのち、自然の力がどんどん体の中に入ってきて、穢れである理屈が祓われ、本来の素晴らしい神の姿である人間が現れてくるのではないでしょうか。

葉室頼昭

大祓　知恵のことば

目次

大祓　知恵のことば

祓いと罪・穢れ

――私たち日本人は神社にまいりますと、神職の方から、お祓いを受けるということをいたします。ごく自然に頭を下げてお祓いを受けておりますが、よくよく考えてみると、これがよく分かりません。このお祓いというのは、いったいどういうことなのでしょうか。

神社では、お祭りとかご祈禱《きとう》のおり、必ず神職がお祓いをします。その時は、みんな気持ちを正して頭を下げ、お祓いを受けます。これは長い間にできてきた日本人の文化というか、習慣というもので、そういうことでやっているのですね。

つまり日本人は、からだで祓いというものを知っているから頭を下げるのですが、それでは祓いというのはいったい何なのか。これは大変にむずかしいことで、この祓いというものをきちんと説明できた人は、いままで一人もいないと思います。

一般にお祓いというのは、よく罪・穢れを祓うことだといわれますが、この罪・穢れというのは、いったいどういうものなのか。そしてどうすれば祓われるのか。そう考えていくと、決して簡単なことではないことが分かると思います。

そもそも罪・穢れというのは、なにも犯罪というような意味の罪ではなく、神さまがお生みになられた素晴らしい人間本来の姿を包み隠してしまうようなものを、「つみ（包む身）」というのです。また穢れというのは、汚いなどという意味ではなく、日々われわれを生かしてくださる神さまの尊い「気」を枯らしてしまうようなものを、「けがれ（気枯れ）」というのです。ですから、これらは全て我欲の表れですから、お祓いするのです。

ところで、この「祓い」というのは、罪・穢れを「除去する」という意味ではないのですね。外国人だったら、たんに除去すると考えるかもしれませんが、もしわれわれのからだについている罪・穢れをお祓いして除去するというのであれば、その罪・穢れがどこかに移動するということになるでしょう。そうすると、横に並んでいる人に罪・穢れが移ってしまうかもしれない。それで自分は清らかになるかもしれませんが、隣の人が汚れるかもしれないでしょう。

しかし、そのようなことを神さまがなさるわけがない。そのように悪いものを除去するという考えは、本来、日本人は持っていないと思うのです。ですから、お祓いというのは、除去するということではないのです。

除去するのでなければ、祓いというのは、罪・穢れを消し去るということかと思うかもしれませんが、しかし存在するものが消えてなくなるなどということは、本来ありえません。たとえば、紙を燃やして煙になって灰になるとします。すると紙がなくなったというけれど、じつはなくなったのではなくて、これは灰の分子と煙の分子に変わっただけです。紙そのものの分子はずっと残っている。かたちが変わったというだけのことです。ですから、ものが消えてなくなるということは、この世の中ではありえないことなのです。

そうすると、除去するのでもないし、消し去るのでもない。それではいったい「祓い」とは何かということです。

祓いとはなにか――北風と太陽の話

私は長年、「祓いのこころ」について考え続けてきましたが、最近になって、祓いというものを理解するには、日本語、とくに大和言葉（これは特定の言葉ではなく、日本の原点の言葉という意味で使います）というものが、とても大切だということに気づいたのです。この大和言葉の基本は、「あ、い、う、え、お」の一言ずつに意味があるということです。それに対してたとえば英語などは、アルファベットで書きますが、その「A、B、C」の一つずつには特段意味がない。それをいくつかつなげて単語というものを作り、それに意味を持たせて喋っている。それでこころを通じ合わせるというのが外国の言葉です。

それに対して、もともとの日本語というのは「あ、い、う、え、お」の一言ずつに意味がある。原則として、あまり単語を作らないで物事を表現しようという言葉なんですね。たとえば「日本」という言葉がいつごろできたのか知りませんが、いまの人が使っているのは英語のジャパンの訳です。

しかし、大和言葉では昔は、「にほん」とは言いませんでした。「とよあしはらのみずほのくに（豊葦原瑞穂国）」と言っていました。アシが茂って、お米がよくできる国ということです。こういう言葉で日本の国を表現する。ですから、単に「にほん」と言うのではなくて、日本というものはどういう国なのかということを表現して、日本を表そうとする。これがいわゆる大和言葉の原点なのです。

ですから、「おはらい」というと、いまは「祓」というむずかしい字を書きますが、これはあくまでも中国の漢字です。中国の字を日本の「はらい」という言葉にあてはめたわけですから、この漢字をいくら見たところで、日本人にとっての「はらい」の本当のこころはわからないでしょう。逆に言えば、「はらい」に漢字をあてはめたものだから、わからなくなってしまったんですね。

そうではなくて、本来の日本語は「はらい」という仮名です。「は」というのは生まれるという意味です。「は」を二つくっつけたら、「はは」、お母さんになりますし、木の葉の「葉」も「は」ですね。「葉」というのは、われわれが出す二酸化炭素を酸素に生まれ変わらせるもとになるものですね。ですから、「は」というのは生まれるという意味でしょう。「ら」というのは、「君ら、ぼくら」の「ら」で、たくさんという意味です。「い」というのは、「いのち」です。

ですから、「いのちがたくさん生まれる」ということが、「はらい」の本来の意味なんですね。しかし、誰もそのようには考えない。漢字の「祓」の意味から考えるから、本当のことがわからなくなるのだと思います。

北風と太陽の物語がありますね。冬、一人の男が寒いのでオーバーコートを着ている。そのときに、北風と太陽のどちらがあのオーバーコートを脱がすことができるか、勝負しようということになった。まず北風がビュンビュンと風を吹いて脱がせようとしたら、男はますますオーバーコートをしっかりと着こんで、脱がすことができなかった。では次にと、太陽が暖かい光で照らしたら、旅人はぽかぽかと暖かくなって、自分からオーバーコートを脱いだというお話です。

この話が、祓いというものをうまく表現していると思うのです。北風というのは、外国などの除去しようという考え方を表しており、それに対して、太陽のすばらしいエネルギーを与えれば、覆い隠しているものが自然に脱がされていくということです。いつも言っているように、罪・穢れというのはすべて我欲の表れです。神さまがつくられたすばらしい人間の姿を包み隠してしまう罪（包む身）。われわれを生かしている神さまの尊い気を枯らしてしまう穢れ（気枯れ）。このどちらもわれわれが生きていく上でマイナスのものですね。これを祓うということは、そこに神さまの素晴らしいお力というか、こころを入れることによって、プラスに変わっていく。そしていのちが甦ってくる。それが祓いだと思うのです。

ですから、「大祓のことば」というのは、太陽のエネルギーのような、ものすごい力のある神さまの言葉だと思うのです。

祓いのメカニズム

ところで昔、私は大学で、人体にできた傷がどのようにして治っていくのかという「人体の仕組み」の研究で学位を取りました。もう五十年近く前の話です。その時は分かりませんでしたが、いまやっとこれが祓いだなということが分かってきたのです。最初から祓いだと分かったのではありません。これが祓いの仕組みそのものだと分かるまでに、五十年もかかったのです。

これも私が大学時代、最初は何も分からなくて毎日毎日、顕微鏡をのぞいて段々と分かってきたことです。そこに経過があるのです。その時は学位を取って、それが分かったというだけでしたが、それから医者の人生が始まり、医者の経験を通して、はじめて、その時の研究、われわれが生きていくシステムが、まさに祓いそのものだということが分かってきたのです。

どういうことかと言いますと、われわれは糖を燃やして生きています。そして糖をいろいろなものに循環させてエネルギーをつくっていますが、するとそこに排出物として、水素の原子（2H）と、一酸化炭素（CO）が出てきます。これが罪・穢れにあたるのではないかと思うのです。

しかしわれわれの体は、これを除去するわけではない。何をするのかというと、呼吸によって、酸素（O^2）を体のなかに取り入れる。すると、O^2の酸素原子一個が、水素の原子（2H）とくっついて、水（H_2O）となり、もう一個の酸素原子が一酸化炭素（CO）とくっついて、二酸化炭素（CO_2）になります。

二酸化炭素は呼吸で外に出しますから、それが植物に取り入れられ、葉っぱの光合成によって酸素に変わり、それがまた体のなかに入ってくる。一方、水は尿となって排泄されて地にもぐり、それが植物の根っこから吸収されて栄養になり、葉を茂らせ、また酸素になって人間の体に入ってくる。そういう循環ですね。

この酸素というのは、単なる物質ではなく、植物によって作られた素晴らしいエネルギーだと私は思います。ですから先ほどの「北風と太陽の話」のように、呼吸によって素晴らしい酸素のエネルギーが体に入ってくるので、罪・穢れである汚れた水や一酸化炭素が、自然と体から出ていくのではないでしょうか。

ですから、祓いというのは罪・穢れを、自分を生かす力に変えて、体のなかに取り入れることではないのか。この世の中の仕組みというのは、全て循環で成り立っているのであって、捨てるという仕組みにはなっておりません。だから消すとか除去するということではなくて、素晴らしい神の力が体のなかに入ってくると、いままでの罪・穢れがなくなるのではなくて、それが今度は自分を生かす素晴らしい力に変わってくる。それが祓いではないかと思うのです。

ところで、「病気は福音なり」と昔からいわれてきましたが、これは本当のことであって、病気というと普通、マイナスの面ばかりを考えてしまいますが、そうではなく、病気になったことによって、それがかえって素晴らしい「悟り」になることもある。それを乗り越えることによって、今度は病気がプラスになっていくわけです。

私も学生時代に結核にかかり、血を吐いて、死の一歩手前まで行きましたが、それが神さまのお導きによって生かされていることに気づくことになり、それによって甦ってきました。つまり病気が私の人生のプラスに変わってきたわけです。こういうことが、祓いではないかと思うのです。ですから、マイナスをプラスに変える働きが、本当の祓いではないかと思います。そういう力を「大祓詞」は持っていると思うのです。

免疫と人間の進化

――もともと「祓い」には、そのような素晴らしい働きがあるのですね。ところで宮司はお医者さまでもいらっしゃるので、免疫との関わりについてもお話されているとお聞きしました。そのあたりのことについて、おうかがいしたいと思います。

これもまたむずかしい話ですが、われわれが学生時代に習った免疫というのは細胞レベルの話であって、免疫細胞というものが、ばい菌が入ってくると抗体をつくって防ぐ、そういうことを習いました。

ところがいま、この医学の分野では、研究の進歩によってどんどん細かいことが解明されています。私が学生の頃は、せいぜい数百倍くらいの倍率の顕微鏡で細胞を見て研究していましたが、しばらくすると電子顕微鏡が発明されて、一万倍というような倍率で見ることができるようになり驚いたものです。

そして最近はさらに遺伝子のゲノムの解読というところまで進み、現在はさらに進んで細胞の中の分子がどのように活動しているかというところまで、すなわち、ナノ(十億分の一)の世界まで分かるようになってきました。

　そうすると細胞はどのような運動をしているのかということが分かり、そして実際にわれわれは自然の知恵で生かされているということが分かってきたのです。これは非常にむずかしい研究で、また機会があればいつか皆さまにお話してみたいと思っておりますが、こうした現在の研究水準から免疫というものを考えてみますと、祓いもそうですが、世の中の仕組みというものが分かってくるような気がするのです。

　たとえば、今からだいたい四十五億年ぐらい前に太陽が爆発して、そこから地球ができたといわれています。そして、それから五億年ぐらいたって、だいたい四十億年ぐらい昔に、地球の水のなかに生命が誕生したといわれています。生命が誕生するということは大変なことです。しかも地球だけに生命が誕生したというのは、奇跡のようなことですけれど、それが地球が誕生してから、わずか五億年で現れてきたわけです。

　ところが、それから人間が現れてくるまでに、四十億年かかっている。生命が五億年で誕生しているのに、どうして人間が誕生するのに、それから四十億年もかかったのか。ここに人間誕生の神秘があると思うのです。

免疫学からいいますと、免疫というのは、いわゆる体に異物が入ってきたとき、これを防ぐ、ということです。ばい菌とか、ウイルスとか、寄生虫とか、いろいろなものが体の中に入ってきます。昔の免疫学では、細胞が一個の抗体を作ると、どんなばい菌でも防げると考えられていましたが、本当はそうではなく、人間の体というのは、Aというばい菌が入ってきたら、そのAというばい菌だけを防ぐAダッシュという抗体をつくる仕組みになっていたのです。

この地球上には、人間に病気を起こさせるばい菌や微生物などの異物は十の十五乗、つまり百兆もの異物が存在するそうです。ですから、この百兆すべてに対して抗体をつくれるように進化してきたのが、人間だということなのです。そのために四十億年かかっているわけですね。これは本当にすごいことです。

ところが、いまの科学では、人間には百兆ものばい菌や病気を起こす微生物を防ぐ免疫システムがあると説明します。しかし、これは違うのです。まったく逆の話で、四十億年間、進化を続け、ついに百兆の病原菌・微生物を防ぐ免疫システムができてはじめて、人間になったのです。ですから、もとから人間だったのではなくて、百兆のすべてのものを防ぐという最高の免疫システムに進化したから、人間の体になった。こういうことなのです。

今、ウイルスというのは、ガンでもエイズでも病気をもたらす悪魔のようなことをみんな言いますが、そのウイルスがなかったら人間には進化してこなかった。無数のウイルスやばい菌を防ぐ抗体をつくろうということで、そのおかげで人間に進化してきたんですね。

すべてこの世の中というのは、そういうふうになっていると思うのです。悪いものだといって切り捨てるのではなくて、悪いものをプラスに変えていく。免疫の働きを見ていると、昔から偉いお坊さんが言っているとおりだと思うのです。悪いものをプラスに変えていくところに、人間の進化がある。こういうことになっているのですね。

ところが、いまの世の中は、何でも悪いことばかりを言うでしょう。それを自分のプラスに変えようとはしない。これは滅びゆく生物の姿です。この地球上には無数の生物がいるけれど、環境の厳しさを自分のプラスに変えられない、つまり進化しなかった生物は全部滅びて、いま一匹もいない。そういうことが免疫からでもわかります。先日も、世界で鳥のインフルエンザが流行し、日本でも養鶏場で何万羽もの鳥が一ぺんに死んで、それで世間に広がったら大変だ、大問題になるということが、毎日のようにテレビや新聞で報道されていました。

なぜニワトリが一度に何万羽も死ぬのでしょうか。これは、いわゆるインフルエンザ・ウイルスに対する免疫が、ニワトリにはないということを示しているのです。人間もインフルエンザにかかりますが、インフルエンザによって一度に何万人も死ぬということはありません。これは先ほど述べたように、人間は四十億年かかって全てのばい菌やウイルスを防ぐ免疫システムをもつように進化したからです。

ニワトリは、人間ほど進化した免疫システムをもってはおりませんが、やはりそれなりのばい菌やウイルスを防ぐ免疫の力を持っていますから、現在まで生き延びてきたわけです。ところが、それを養鶏場で人工的に飼育し、一度に多くの卵を生ませたり、あるいは肉を太らせたりという、人間の都合で檻の中に閉じ込めて運動もさせず、しかも飼料の中に抗生物質などのクスリを入れるために、ますます免疫の能力が低下しているのです。

ですから一度インフルエンザにかかると、あっという間に全体に広がる。そうすると他に広がるのを防ぐために何万羽というニワトリを殺さなければならなくなってしまう。あれを見ていると、まさに人間のエゴイズムそのものです。人間の目的のために飼っていたニワトリが病気になり、人間社会に害を与える恐れが出てくると、全てそれを殺しても当然だと、われわれは皆が思っておりますが、考えればこれはまことに恐ろしいことです。

このことは、単なるニワトリだけの問題ではありません。近頃の子供のように屋外で遊ばせるということもしない、一日中家でテレビを見たりインターネットなどをして、しかも食べる物は全てクスリ漬けというようなものばかり。しかも病気になるとすぐクスリでばい菌を殺すというようなことをやっていると、やがてはニワトリと同じ運命になるのではないかと心配になるのです。

——それにしても今の日本は、どこかおかしくなっていますね。

戦争絶対反対と叫んでいる人間であっても、自分に都合が悪いと、何万羽という鳥を平気で殺してしまう。それを聞いても何とも思わない。こうした姿を見ると背筋が冷たくなる思いがします。人間は殺してはいけないが、他の生物は殺してもよいというわけでしょうか。命に差別をつける、これが罪とは思わないのでしょうか。この報いを人間がはたして受けないですむのでありましょうか。いや、きっと受けるに違いないと思うのです。

認めることの大切さ

私が伝えようとしている「祓い」というのは、すべてのものを自分のプラスに変えていくということです。人はこれをプラスに変えるからこそ人間になってきたのです。ところが、いまの人は理屈の教育を受けているものだから、すべて悪いほうに考える。そして現在は、マスコミが毎日毎日、悪い報道ばかり流している。いまマスコミに悪い報道ばかりするなと言うと、現実に悪いことばかりが現れているのだから、そのまま報道して当たり前だと言うかもしれませんが、それは違うと思うのです。

物事の良し悪しというのは、人間の判断によって変わってくるものであって、本来この世の中には悪いものとか良いものというものは存在しません。それを悪いと考えるか良いと考えるかは人間次第です。先にも述べましたように、病気は人間にとって不幸なものであると皆考えますが、しかし、病気になったために次の幸せが現れてくる、というようなことはいくらでもあるのです。

ですから、世の中の毎日の出来事をどのように考えるかによって、マスコミの報道も当然、変わってくると思うのです。それを、悪いことが起きているのだから悪く報道するのは当たり前だというのは、私は間違っていると思うのです。人間は何でも自分のプラスに変えてきたから、人間になってきたのです。それを変えられないというのは動物の話で、これは滅びゆく姿でしかありません。

ですから、私はよく形成外科の赤ちゃんの話をするのです。形成外科医の時代、私の行なう手術は、一人の赤ちゃんに六時間とか七時間という長い時間をかけて手術をします。

そして赤ちゃんの手術が終わって翌日、病室に行くと、たとえば赤ちゃんが二十ccミルクを飲んだとする。そうすると、経験の浅い看護婦（師）は、「先生、赤ちゃんが二十ccしかミルクを飲みません。どうしましょう」と言うわけです。すると、横についているお母さんが「ええっ、大変だ」と不安に思うと、その心が赤ちゃんに伝わり、赤ちゃんの容体がだんだん悪くなっていく。ところが、ベテランの看護婦（師）になると、「先生、二十ccも飲んでくれました。よかったですね」と言う。それを聞いてお母さんがよかったなと思うでしょう。そうすると、赤ちゃんがどんどん元気になってくるのです。

同じ二十ccでも、下手な看護婦（師）は、赤ちゃんは一日に平均何cc飲むかというところから考える。そうすると、「二十ccしか」という言葉になる。ところが、ベテランの看護婦（師）になると、前の日に六時間も七時間も手術したら、大人でも翌日は水も飲めない。体力がない。ところが、それを二十ccも飲んだということは、回復力が出てきているということでしょう。そうすると、「二十ccも」という言葉になる。同じ二十ccでも見方によって、まるで違ってしまうということですね。

いまマスコミは悪いことばかりを誇張して報道しているように思われてなりません。悪い面を見て、その悪いことばかりを強調するというのが、戦後のマスコミの欠点であり、それが日本の国を悪くしている。それは祓いとは逆のことをやっているんですね。たとえ悪いことであっても、見方によってはプラスのほうに変えることができる。

戦争もそうですね。日本の国は戦争に負けて大変な被害を被った。その当時、われわれは食べるものも着るものも何もなくて辛かった。けれど辛抱するということを経験したでしょう。それが戦後の発展につながったわけです。

ですから、見方によれば何でもプラスになってくると思うのです。そういうことをマスコミがしないというのは、理屈の教育を受けているからできないんですね。いま言ったように、病気でもプラスに考えることによって良くなっていく。だから何でもプラスの方向に変えることが大事なのです。

――いまのこととも関連しますが、「認める」ことの大切さということを、よくおっしゃっていますね。

ええ。いま言ったのと同じことで、認めるということも、悪いほうに認めたのではますます悪くなります。良いことを認めるというのが、祓いにつながるのです。

この認めるというのは、神さまのすばらしさを認めるというのが、本当の認めるということだと思います。もともとこの「認める」というのは、「目を止（と）める」という意味ですから、悪いことを見て止めるというのではなく、神さまの本当の姿を見止める。これが本当の認めるということではないかと思います。

何しろ戦後は、日本のことはすべて悪いのだという考えで教育を行っているものだから、すべてを悪と見るんですね。そこにとんでもない間違いがあり、現在の、乱れた姿の原因があると思います。この世の中には本来、「悪」というものは存在しない。逆の立場から見れば、良いことがたくさんあります。そのように、良いふうに物事を見る。そういう教育をしなければいけない。いまこそ本当にそうしなければいけないと思います。

清めと祓いと祭り

——ところで、神道では、お祓いともう一つ、お清めということがございますね。お祓いについてはいまお話をうかがいましたが、お清めというのはどういうことになるのでしょうか。

清めるというのは、やはり祓いと同じで、神さまのすばらしいエネルギーが入ってくるということです。清めるというのは水で清めます。なぜ手水をしたら清められるのかということですね。ただ単に、手を洗ってきれいにするということではない。そうではなくて、体全体に神さまのエネルギーを入れるということが、清めるということなのです。

水でどうしてそんなことができるのかと言われますが、清めに用いる水というのは、ただの水ではないのです。昔からの大きな神社から出る水というのは、どこも、そのほとんどが最高の水です。そういうことを知っていて、山に神さまを祀り、神の気の入ったすばらしい水を得てきたのです。

この水のことについては、私はよく「中臣寿詞《なかとみのよごと》」の話をするのです。日本には「中臣寿詞」という昔からの古い祝詞が伝わっていて、天皇陛下のご即位のとき、中臣氏が必ず唱える祝詞として読まれてきました。それはどういう内容の祝詞なのかといいますと、すこし難しいのですが、おおよそ次のようなことが記されています。

「天皇ご即位の時、天皇に差し上げるお食事に用いる水は、最高に清らかな水を用います。しかし当時、日本の山から出る水はそのような清らかな水でなかったため、藤原氏のご先祖である天児屋根命が、お子さまの天押雲根命を高天原に遣わして、どのようにしたらそのような清らかな水を得られるのかとお尋ねしたところ、高天原の神さまからヒモロギを授けられ、それを山の清浄な場所に差し立てて、昼夜いとわず祈り続けるようにと教えられました。その通りに行なったところ、そこに瑞々しい青草が生い茂り、筍がどんどん芽吹いてきて、その下から清らかな水が湧き出てきました。その水を天上の水として地上の水と混ぜ合わせたところ、すべてが清らかな水になりました」

天つ神さまの清らかな水が現れてくるというお告げがあって、その通りにしたら、竹林から霊力のある素晴らしい水が出てきて、そして日本中の水が清められ、きれいになったというのです。私はこの話は本当のことを記しているのだと思います。

春日大社でも、春日の奥山に神社が祀られていて、今もわれわれはその奥山から流れ出た水で清めています。こうした、神さまのお鎮まりになる山から出てくる水には、神さまのすばらしい気が入っている。これで手や口をすすいだり、神職が潔斎で体を洗ったりすると、神の気が入りますから、清められるわけです。だから、たんに洗ってきれいにするというのとは意味が違います。ただきれいにしただけでは清めとはいいません。神のエネルギーが入ってはじめて清められるのです。

ですから、「きよめる」というのは、いまは「清める」と書きますが、本来は、「気よみがえる」ということで、つまり「神の気が甦る」ということです。神さまの気によって、いのちがよみがえるということではないかと思います。

たんにきれいだというのではなくて、そこに神のいのちが充ち満ちているというのが清めです。つまり清めというのは、祓いと同じ意味なのです。

そういうことだと思うのです。水で清めるというのは、神さまの気が入った水で手を洗ったり、体を清めたりすることによって、その気が体のなかに入ってきて、体中が神の気で充ち満ちてくる。そういうことが「清め」であると思うのです。これが清めであり、祓いであると思います。

——ところで、祓いとか、清めというのは、本来、神社の祭りのなかで行われるものですね。

ええ、お祭りのなかで行われておりますが、なにもお祭りだけでやるものではありません。それは、日常的に毎日やるべきことだと思うのです。

ただ、祭りとは何かということです。日本人の行なう祭りというのは、共生ということで、神さまと一つになるというのが、祭りの根本です。われわれは神さまに悦んでいただこうと一生懸命に奉仕します。祭りというのは神さまにお悦びいただくことだけが目的なのですが、神さまから見れば、祭りというのは人間を悦ばせることになるのですね。ですから、神さまに悦んでいただこうと一生懸命にやったら、神さまも人間を悦ばせようとしてくださるわけです。

祓いというのも、もともと自分のためにするのではなくて、本当は神さまに罪・穢れをお移ししては申しわけないから、祓うのです。日本人は何でも自分のためにやるのではない。相手のためにやっているのです。神さまのために罪・穢れを祓い清めて、お祭りを奉仕すると、逆に神さまから、お恵みがこちらへやってくるのです。

それが共生です。それによって日本人は昔から生きてきました。これからも、そうでなければ生きられない民族なのです。これは流行とか時代とかという問題ではないと思います。

毎年、六月と十二月の晦日に全国の神社で行なわれる大祓の神事も、自分個人のために祓うと思っている人もいますが、これは国を祓っているのです。国全体を祓うということです。国全体が祓われたら、自分も幸せになるということです。

いまの人は祓いというと、自分だけを祓おうとしますが、そうではなくて、国全体を祓うのです。大祓は国が幸せになるようにとやるものです。日本全体が祓われたら、日本人全体が自分を含めて、幸せになるということなのですね。こういう壮大な考えのもとに行なわれているのが、大祓なのです。

大祓の祝詞について

――この大祓の神事のときに、大祓の祝詞が唱えられるのですね。

ええ、そういうことですが、まず祝詞とはなにかということです。「のりと」の「のる」というのは、「宣る」ということです。ですから、神さまが述べられたこと、神さまがおっしゃられたことですね。

「と」というのは、こちらへ伝わってくるという意味の日本語です。たとえば、雨戸の「と」は、雨が降っているパラパラという音が伝わってくるという意味です。「とびら」というのは、外のものが伝わってくるところという意味ですね。

ですから、祝詞というのは、神さまが宣べられたことが伝わってくる、ということなのです。そこで、「大祓の祝詞」ということですが、これは昔、藤原氏の前身である中臣氏の誰かが、神さまの声を聞いて、それを大和言葉として述べ、さらに文字で書かれた祝詞であるといわれています。おそらく春日大社が作られた頃のことではないかと思いますが、それではなぜ、この祝詞が「大祓」と呼ばれるのかということです。

さまざまにある祓いの祝詞のなかでも、「大」がつくということは、この祝詞を唱えれば罪・穢れがすべて祓われる、そういう祝詞であるからです。そして、この「大」には「公（おおやけ）」という意味が含まれています。つまり、個人的な祓いというよりも、国全体、全国民を祓う祝詞であるということです。つまり、日本国中の罪・穢れがすべて祓われるという、そういうすばらしい神の言葉であるからだと思います。ですから、「大」きな「祓い」と言われるのです。

この祝詞は日本でいちばん古い祝詞のひとつです。そして、この祝詞だけが現在でも日本全国の神社で毎日のように唱えられているというのは、この大祓詞が真実の神の言葉であるという証拠でもありましょう。この世の中で本当のことというのは、神さまのいのちしかありません。神さまのいのちは永遠に続くわけです。逆にいえば、ずっと続いているというのは、神さまのいのちを伝えているからだということです。それは本当のことだから続くのです。ですから、この大祓は本当のことである。それで、ずっと昔から続いているわけです。

ところで、私は大和言葉に込められた神の真実のこころを知りたいと思って、毎日、大祓を唱え続けています。大祓詞は古くから漢字で書かれておりますが、これはべつに漢字それじたいに意味があるという言葉ではありませんので、私はこれを全て、ひらがなで書いてみました。そして言葉の意味を考えるのではなく、無我になって「あ、い、う、え、お」の一言ひとことをはっきりと発語するという、大和言葉の原点の読み方で唱えています。

何度唱えても、神の真実のこころはなかなか分かりません。昔の中臣氏の祖先が、どのような発音でこれを唱えたのか、もちろん分かりませんが、しかしいろいろと言葉のリズムを変えていくうちに、自分の体が、この祝詞を唱えることによって少しずつ変化することに気がつきました。

そのようなことを毎日、繰り返しているうちに、この大祓の詞は、すべて神さまのおこころを表現しているのではないかということが、なんとなく分かるような気がしてきました。この大祓のどの部分を唱えても、全てが神さまのおこころではないか、そのように感じるようになりました。まだまだ完全に分かるというところまではほど遠いのですが、いろいろな理屈とか、そういうことを一切考えずに、無我になって唱え続ければ、いつかは神さまの真実のこころが分かるのではないかと思うのです。

――大祓詞について、その起源というか、原点というところを、お話いただけますか。

大祓詞は、これを唱えればすべての罪・穢れが祓われるという神の言葉であるのですから、まず、大祓の真実の意味を知るには、言葉とは何であるかということを知らなければならないと、私は思います。

この言葉ということについて、最近、名古屋大学の中島泉博士の「ゲノムの外での進化」という論文が載っておりましたので、そのことをすこしお話しさせていただきます。

人間とチンパンジーは、遺伝子の数もほとんど同じであり、遺伝子を構成するDNAのいわゆるゲノムも、一パーセントくらいしか違わない。それなのにどうして人間とチンパンジーの進化が著しく違うのか、ということが述べられておりました。

一般に生物の進化というのは、地球上の厳しい環境の変化に順応して自分の体を変えていくことによって、体内の遺伝子が少しずつ変化します。そして、この遺伝子のゲノムが変化するには百万年とか一千万年とかという年月が必要とされ、それによって今まで全生物が進化してきました。

しかし人間だけは、ここ数万年前から急激に進化を始めたのです。例えば一万年前のチンパンジーと、現在のチンパンジーとはほとんど生活様式が変わっていませんが、一万年前の石器時代の人間と現代の人間とは生活様式がまったく違うほど進化しています。なぜなのでしょうか。これは今までの体の中の遺伝子の変化では説明のできないことで、その原因は人間が言葉を覚えたということにあると書かれていました。

動物は自然から入ってくる情報を五感で感じ、脳でただ感じるだけです。そんな動物の中でも、脳と神経を持っている動物で外から入ってきた自然の情報を瞬間的に記憶し、それで新しい生活の知恵を得る動物はいくらでもおります。渡り鳥がどうしていつも同じ場所にやってくることができるのか。これは体内の遺伝子が変わったためでなく、経験から得た生活の知恵ではないかというのです。

それに対し人間は、外界からの情報を言葉として、脳に記憶するようになったのであろう。しかも、脳が巨大化するという進化によって、無数の細胞が脳に現われ、多くの情報を言葉として記憶するようになったのであろうと言われております。

しかも脳の神経細胞においては、脳の軸索突起《じくさくとっき》というものを流れる電気信号によって、他の細胞に情報が伝わり、脳全体に伝わるようになっておりますが、人間の脳はそれだけではなく、神経細胞の隙間を埋めるように無数のグリア細胞というものが存在し、これが神経細胞の情報を速いスピードで伝達し、脳全体に伝えるようになっているために、言葉として記憶した情報を、いろいろ総合して新しい思考を作り、話し言葉として語られるようになったというのです。

この言葉によって、自然からの情報がその地域の人々に広く伝わり、皆が多くの情報を持つようになり、そしてまたこれを次の世代に語り伝えたり、言葉を目で見る文字などに置き換えて周囲の人々だけでなく、次の世代に伝えていく。このようなことが、人間の今までの生物とは違った早い進化を促したのではないかと書かれておりました。これがタイトルに掲げられた「ゲノムの外での進化」ということです。

私もこれを読みまして、全くその通りだと思いました。その中にも触れられていいましたが、鳥が羽根を得て空を飛ぶようになるために要した一千万年あるいは何億年という年月に比べ、わずか百年足らずで飛行機を作り、ロケットを飛ばす人間のゲノムの外での進化は、驚くべきことではないでしょうか。

私は以前から、神さまは何のために人間を誕生させられたのかを考えてきました。それは、他の動物とは全く違い、神の素晴らしい世界を認めてこれを表現するために、人間という生物を誕生させられ、そして、神からの知恵を言葉として記憶するように、人間の脳を作られたと思うのです。

ところが戦後の日本人は、アメリカの理屈の教育を受けていますから、言葉は知識を伝えるものとして、知恵を伝えなくなりました。その結果が現在のような乱れた日本の国になってしまったのです。

大和言葉と大祓

――言葉というのは人間の進化の原点にあるのですね。

ええ。以上のことから、自然から入ってきた知恵の情報を表すのが言葉であることがよく分かると思います。では、その入ってきた知恵の情報をどのような言葉で記憶するのかが問題になってきます。

地球上にはたくさんの民族がいますが、民族はそれぞれ言葉が違い、民族特有の言葉を持っています。これはなぜでしょうか。べつに外国のことを悪く言うつもりはありませんが、大陸に住んでいる多くの国の民族は地続きであるために、他の国、他の民族と争って勝ったり負けたりの生活をずっと続けるようになりました。

その結果すべて対立の考え方で物事を考えるようになりました。人間と自然も対立するし、神さまとも対立する。オールマイティの神さまが天におられて、この世の中を作られた。その神さまに人々は悩みを訴え、救われようという考えの宗教が現れるようになりました。

ですから、自然から入ってくる知恵の情報を言葉に換えて記憶する時も、対立によって表れてきた言葉になるわけです。英語でも、かならず主語と動詞と目的語というものがあって、その対立によって言葉や文章が作られていきます。

それに対して日本の国は島国で、他の国との戦いということをほとんど経験しておりませんので、自然と一つになろうという共生を考える民族になってきました。その結果、表れてきたのが日本人の言葉、いわゆる「大和言葉」です。

大和言葉は世界でも稀な、自然の知恵と一つになってそれを表す言葉なのです。ですから、英語はすべて単語で文章が成り立っていますが、大和言葉は元来そのような単語というものでは表さない言葉なのです。

例えば、自然の森や林の緑色を見て日本人は「みどり」と脳に記憶しますが、英国人やアメリカ人は同じ自然の緑色を見たとき、人と自然の対立から「グリーン」という言葉で脳に記憶したのだろうと思います。これはつまり日本人は共生の考え、自然との一体感から自然の緑に神の知恵を感じ、「みどり」という言葉で記憶するようになったと思うのです。

「みどり」の「み」というのは、「御」という意味で、つまり「神さま」のことです。「ど」は、先ほどの「と」で、こちらに伝わってくることです。雨の音が伝わってくるのが、「あまど（雨戸）」ですね。「り」は、「来る」「する」という意味の言葉です。

ですから「みどり」というのは、神さまの知恵がこちらにずっと伝わってきて一つになる、ということです。そういう言葉で、脳に記憶したのではないでしょうか。このように、民族の長い生活の知恵をどのような言葉で記憶するかで、それぞれ異なった言語になったのだと思います。

ちなみに、「ふじさん」というのは漢字で「富士山」と書きますね。これは、「ふ」というのは「吹く」という意味の言葉で、ローソクの火などでも消す時は、「フーッ」と息を吹きかけて消すでしょう。「じ」というのは、地面のことです。これが大和言葉でありまして、ですから「ふじさん」というのは、「地面から吹き出た山」という自然の姿を、そのままを表しているのです。

また、この「ふじ」は、植物の藤、これは藤原氏の紋章にもなっておりますが、これも同じでありまして、地面からいのちが吹き出て蔓となり、どんどん上に伸びていくという意味です。ですから、富士山も、植物の藤も、漢字で書けば全く別のものになりますが、「ふじ」という大和言葉でいえば、同じことなのです。これらは一例に過ぎませんが、このように、自然の知恵を、自然の姿を、そのままに表しているのが大和言葉ではないでしょうか。

「古池や　蛙《かわず》飛びこむ　水の音」——これは有名な芭蕉の俳句ですが、いわゆる大和言葉というものを知るのに、これは一番分かりやすい例だと思います。この句には、自然の中の静けさというものを表すために、静けさという言葉を使ってはおりません。

そして、「森の真ん中に小さな池があって、そのところに蛙が一匹いて、その蛙が池に飛び込んで、ポチャンと音がして、水の輪が広がった」というような、まどろっこしい理屈の説明も一切していません。「蛙飛びこむ水の音」という、ただそれだけの言葉で、自然の森の中の本当の静けさを表しています。そこにおのずから自然の静かな風景が浮かんでくる。これが大和言葉の伝統であり、大祓詞のこころだと思うのです。

この話をすると、これは「五七五」の俳句であるとか、俳句には「季語」が必要であるとか、すぐにそういう理屈の説明をする人がいますが、それは後になって作った理屈の解釈だと思うのです。大和言葉にはもともと理屈というものはありません。昔の日本人は、べつに日本語の文法を考えることもなく、ただ自然のこころのままに言葉を語ったのだと思います。

それがだんだんと、なにごとも理屈で説明しなければ気がすまなくなってきたのではないでしょうか。大祓詞は、神さまの知恵をそのまま表している言葉です。だから、語句の解釈をしても全く意味がありません。その奥の、神さまはいったい何を知らせようとされているのか、それを知らなければ分からないということなのです。

ですから、大祓詞というのはすごい言葉なのです。これを何遍も繰り返し唱えていると、神さまがこれでもか、これでもかと、これは知恵だぞ、知恵だぞと、おっしゃっているのが分かってきます。無我になって、「**た**かまのはらにかむづまります　**す**めらがむつかむろぎ　**か**むろみのみこともちて」と唱えるのが、知恵なのです。

理屈や知識は「高天原はどういう意味だ。神漏岐神漏美はこういう意味だ」と訳すわけです。これではどうしようもありません。先ほどの「古池や蛙飛びこむ水の音」と同じで、あれこれ理屈で説明していては、そこに静けさというものは出てこない。そうではなくて、リズムの言葉で表そうというのが、大和言葉なのです。

大祓詞というものは昔、中臣氏の誰かが、神のこころといいますか、知恵といいますか、それを「肌」で感じて大和言葉で語ったものです。この宇宙、自然というものはすべて知恵の現れであります。これを宇宙の知恵、自然の知恵、神の知恵と言いますが、すべて同じものです。ただ、自然の知恵は五感で、視覚や嗅覚で感じますが、神さまそのものの知恵はいわゆる五感では分からず、昔からいう肌で感じるしか方法はありません。

なぜ肌で感じるのか。これを説明すると、人間の免疫の話になり、そして人間の体の中で独特の働きをする皮膚の問題となり、また母親がお乳を与えて赤ちゃんと肌を接し、母と子が一つになってこころというものを伝えていくことなど、いろいろのことが重なってその結果、神のこころも肌で感じることができるようになるのですが、これをお話しようとすると、厚い一冊の本になってしまいますので、また別の機会に述べたいと思います。

遺伝子と大祓の言葉

――春日大社では大祓詞を、ひらがなでお書きになっていらっしゃいますが、それは今おっしゃったようなことから、そういうふうになさっているのですね。

ええ。漢字で書かれた大祓詞を見て、その漢字の意味は何ですかと質問する人がいますが、それではまったく大祓詞のこころは分からないというのです。いまの人たちは大和言葉がわからない。私にしても全部分かるわけではありません。しかし、この大和言葉の意味をちゃんと知らなければ、とてもじゃありませんが、大祓の真実のこころはわからないと思うのです。

ですから、そういう漢字を訳すのではなく、無理に意味を考えず、昔から唱えられてきた大祓の言葉をそのまま唱える。邪念をはらって、無我になって唱える。そうすれば、自然と神さまの素晴らしいいのちが体のなかに入ってきて、マイナスの罪・穢れというものが、自分のプラスに変わっていく。大祓というのは、そういう言葉だと思うのです。

そして大祓の素晴らしさを人に話すからには、自分でやってみなければいけないと思い、先ほど言ったようにずっと唱え続けています。一日中、大祓の言葉を唱えています。今の若い人たちは戦後の教育を受けているものだから、理屈で物事を考える習慣がついている。でも、そういう理屈でものを考えないように、のべつまくなしに大祓を唱えていけば、大祓の真実が体で分かってくると思うのです。

最近、遺伝子の話で、筑波大学名誉教授で遺伝子の権威、村上和雄さんという方がこんなことを言っておられます。「遺伝子というのは、ただそれだけでは働かない。オンになったりオフになったりして働くということがわかってきた。だからいい遺伝子をオンにしなければ健康とか幸せは絶対にこない」、そういわれている記事を読みました。

その一つの試みとして、筑波大学に吉本興業を呼んだそうです。大学側から、なぜ呼ぶのかとさんざん言われたそうですが、いざやってみると、ノーベル賞を受賞した人の講演でも、講堂に二百人くらいしか集まらなかったのに、吉本興業が来るといったら、千人ぐらいの人が集まって講堂がいっぱいになったそうです。

その講演の一日目に、お医者さんが糖尿病の仕組み、糖尿病というのはこういうものであるという難しい医学の話をしたそうです。その講演会に来てもらった糖尿病の患者さんの血糖値を検査したところ、ものすごく血糖値が上がっていた。そして翌日に、同じ患者さんに吉本興業の漫才を見せたところ、みんなが大笑いし、そのあとで血糖値を測ってみたら一気に下がっていたそうです。

つまり遺伝子の働きは、笑いによって、このようにオンになったりオフになったりするので、オンにならない一番の原因は理屈である。理屈というのはいちばん遺伝子を活性化させない。感謝とか、感動とか、笑いというのが、いい遺伝子を活性化させる。この実験でそのことがはっきり分かったという話が載っていました。

私もまったくそのとおりだと思うのです。いちばんいけないのが理屈です。理屈ばかり言っていると、いい遺伝子は活性化しないで罪・穢れが現れる。そして病気になるということでしょう。そういう点から考えても、大祓の詞を理屈で解釈したらマイナスになると思うのです。

免疫作用も同じことです。体の中にある免疫細胞が抗体というものをつくって、ばい菌やウイルスなどの異物から体を守っているわけです。しかし、今の人はなにか体がおかしくなると、すぐに薬を飲みます。どんなばい菌が入ってきても薬で菌を殺したらいいではないか。そうしたら、抗体がなくてもいいのではないかと考えますが、薬で殺してばかりいると、抗体をつくる能力が衰えてしまうのです。

この免疫というのは両刃の剣なのです。なぜかと言いますと、片方をやらないでそれで済むかというと、そうではなくて今度は逆の悪いところが出るという仕組みになっているからです。つまり抗体を作らず、薬でばい菌やウイルスを殺しているとどうなるかというと、アレルギーという症状が出てくる。そういう仕組みになっているのです。それで、いまアトピーとか、花粉症とか、そういう症状がたくさん出てきているのです。

このように、抗体をつくらないのは、薬で菌を殺してしまうということがありますが、もう一つは理屈です。理屈で生きようとすると、免疫細胞の遺伝子が働かないで、抗体をつくらなくなってしまうのです。そうするとアレルギーが出てくる。理屈ばかり言っていると、そういう症状が出てきてしまう。遺伝子がどんどん働かなくなってしまうのです。

その反対に、理屈を考えないで、にこにこして、「ありがとうございます」と感謝のこころでいれば、最高に遺伝子が活性化する。医学的に言うとそうなるのですが、それを神道でいうと、大祓を唱えることによって神さまのお恵みをいただいた、ということになるわけです。昔、遺伝子なんてかけらも知らない時代でも、そういうことをやっていたわけですね。

だから、理屈をいっさい考えないで、神さまのお言葉として、この大祓詞を感謝して唱えることです。そうすれば神の力が体のなかに入ってきて、いい遺伝子が活性化し、私たちは健康で幸せな生活を送ることができる。そう信じて、私も自分でやっていますし、また多くの人たちにもお話をしているのです。

ただ、いつも自分で経験しているのですが、お祭りで祝詞を上げるときに、ついむずかしい顔をして唱えるんですね。神職は毎朝、ご神前で祝詞を唱えるのですが、みんな何となくしかめっ面をしてやっています。しかしこれでは、大祓の「効果」がないと思うのです。いま言ったように、吉本興業の漫才を聞いたらいちばんいいというのですから、にこにこして大祓を唱えるのが、本当の姿だと思うのです。そうすれば、いちばん効果が出ると思います。

大祓というと、いかにもしかめっ面をして真剣になって唱えるのが、なにか正しいことのようにみんなやっていますが、それは違うと思うのです。そうではなくて、にこにこして唱える。おそらく中臣氏の誰かが初めて神の声として大祓を聞いたとき、そのあまりのありがたさに感動して、にこにこと微笑んだのではないだろうかと思うのです。だから朗らかに大祓を唱えたら、最高だと思います。

大祓奏上——千度祓いと太鼓の音

——平成十五年の若宮御出現一千年祭のとき、「千度祓い」ということで、神職の方々が大祓を奏上されていました。あれは、一回ではなくて千回ということで、何回も何回も唱えて、みんなで清めようとされていたのですね。

ええ、「千度祓い」といいますが、大切なのは、文字通りの千回ということよりも、続けるということだと思います。日本全国にいらっしゃる神さまの数を、昔から八百《やお》万《よろず》の神と言っておりますが、これは何も勘定したわけではありません。「たくさんの」とか「数多くの」という意味ですね。

ですから、千回というのは、そういうことをひたすら、ただただ続ける。お百度参りというのも、なにも厳密に百回参らなければいけないということではなくて、そうやって素直に丹念に続けていくことが大事なのだと思います。その続けていくことの表現として、千とか百とか、八百万とか、そういう言葉を使うのが、大和言葉の伝統だと思うのです。

いまは理屈の世の中だから、神職でも千度祓いというと、かならず千度唱えなければいけないと考えるのですが、決してそういうことではありません。一千年祭という大きなお祭りを行うために、すべてのものを祓い清めなければなりませんので、神職は参籠して神社に籠り、皆で大祓の祝詞を唱え続けるのです。

そして、たとえ千度上げても、それで祓われなければ意味がないことです。もし百度でも祓われれば、それでいいのです。ですから、これはたくさん続けて上げなさいという意味だと私は思っています。そうした意味で一度、たくさんの人を集めて、みんなで千度祓いをやってみたいと思うのです。

みんなで唱える。それもゆっくりと感謝しながら続ける。そうすると、本当の大祓になります。そういうことをぜひやりたいと思っています。何といってもお祓いというのは、実際にその結果が現れてこなければ意味がないのですから。

――いまのお話ともつながるかと思いますが、こちらでは大祓奏上のときに、太鼓の音で拍子をとりながら、ゆったりと唱えることもございますね。

ええ。太鼓の音というのは、お母さんの鼓動の音なのです。赤ちゃんというのは、十月十日《とつきとうか》お腹のなかで、お母さんの鼓動を聞きながら育つでしょう。それと同じリズム、音が太鼓なんです。それを聞くと、こころが非常に静まる。それで太鼓のリズムに合わせて大祓を唱えようと始めたのです。

この太鼓は、同じテンポでゆっくりと打つ。鼓動というのは一分間に七十いくつか打ちますから、その太鼓のリズムに合わせて唱えたら、最高の大祓の言葉になるだろうと考えたのです。しかも、「あ、い、う、え、お」の一言ずつをはっきりと言うというのが日本語の原点ですから、太鼓を一つずつ打ちながら「た、か、ま、が、は、ら」と、ゆっくり唱える。そんなふうにやっています。

以前、神職のなかに大祓をものすごい速さで唱える人がいました。速く唱えることに慣れているんですね。大祓を遅く唱えても速く唱えても一緒だろうと考える人もいますが、それは違います。私の経験では、ゆっくりと語るように申されるのが、神さまのお言葉だと思っておりますから、神さまがおっしゃるように、「た、か、ま、が、は、ら」と、ゆっくりと言う。神さまがおっしゃった通りに唱えてはじめて、神さまのお力というものが入ってくると思うのです。

ですから、鼓動のリズムでやるのがいちばんいいのです。一分間に七十回ですね。ただ、みんな速いスピードに慣れていますから、あまりにもゆっくりと唱えると、しまいに言えなくなってしまうのです。言葉が出てこない。私でもそうなります。家に帰って寝るときにも必ずこの大祓を唱えるのですが、神さまがおっしゃるようにと、ゆっくりと唱えていると、困ったことに、途中でわからなくなってくることがあるのです。

長年の間、これだけ唱えていてもそうなるのです。だから、ゆっくり唱えるというのがいかにむずかしいことか。それを全部間違いなく言えるようになるには、かなりやらないとできないでしょう。いずれは間違えずに言えるようになると思いますが、それほど大和言葉というのはむずかしい。昔の人は大和言葉で喋ったのだろうから、どうということはないのでしょうが、いまの人間には大和言葉というのはむずかしいですね。

大祓を唱えるこころ

——ところで、たとえば言葉の力とか、言霊とか、そういうことについてなにも知らない人は、「大祓の言葉というのは呪文ですか」などという質問をする人もいるかもしれませんね。

ええ、なかには、そういう人もいますが、それは理屈です。大祓は言葉です。言霊なんですね。言葉というのは、神さまのこころを伝えるものです。言霊に理屈というのはない。すばらしい神のいのちというか、そういうものが含まれている言葉です。

その神の言葉そのものを唱えるということです。これを無我になって唱える。唱えるといっても、一度や二度唱えても祓われるわけがないので、のべつまくなしに、にこにこしながら神さまに感謝して、そしてゆっくり無心に唱える。これしか方法はありません。そこに理屈は何もないんですね。

だから、素直でない人は祓われないのですね。神さまが祓われるとおっしゃっているのだから、素直にゆっくり一言ずつ大祓を唱える。これしか方法はないんです。これをやっていたら、気がついたら罪や穢れが祓われている。いっぺんに祓われるわけがないんです。そんなことはできるはずがない。しかし、すこしずつでも祓われていくんですね。

私は自分の体で、祓われているかどうかが分かります。毎日、寝るときに必ず大祓詞を唱えますが、その時、自分の体がどのように変わるかということを知ろうと思って、やっております。長年の経験で、無心に唱えられた時は体が非常に軽くなったような気がします。そして自分の感覚だけでは証明できませんので、時々、病院に行って、体の検査をしてもらいますが、検査の結果が明らかにそれを示しているのがよく分かります。

人にはあまり言いませんが、私は長年の間、いろいろな病気をかかえてきました。医者をやっていた頃、患者さんの幸せのために、自分のことを一切考えず、それこそ一年中、休みもしないで治療を行なってきました。

その時、自分では神さまのお導きによってさせていただくと思ってやっているのですが、それでも知らず知らずのうちに、さまざまなことがストレスとなり、自分の体が健康でなくなってくることがよくありました。それに気がついて、それから抜け出そうと努力しますが、なかなかそのトンネルから抜け出すことができない。そういうことを何度も経験しました。

そのようなことから、毎日、大祓の言葉を無我になってゆっくりと唱えるということに、徐々に目覚めてきたのです。そうすると、気がつくと、しだいに病気が消えてしまっている。そういうことを実際にいまでも体験しています。

これが、いちばんはっきりしていることです。毎月検査をしていますから、データによって明確に示すことができる。何もそんなことをするのが目的ではないのですが、大祓というのが本当にすごい言葉だと自分で実感するためにも、目に見えるデータでいまやっているのです。

ですから、大祓というのは本当にありがたい言葉だなと、毎日、感謝して唱えているのです。

――大祓は本当に素晴らしい言葉なんですね。

ええ。ですから理屈ではない。神の言葉に理屈はないわけです。素直に昔からやってきたことを、そのままやるということだと思うのです。この世の中に、悪とか善とかというのは存在しないのです。ただ神さまのお言葉に添っているか、添っていないかというだけの話です。添っているものは、神さまの力が現れ出ますから、罪・穢れはなくなるけれども、そうでないものは、罪・穢れになってしまうのです。

いまは日本中に、罪・穢れがあふれているでしょう。理屈があふれている。これを祓うのに最高のものは、大祓の言葉です。これを子供の時から教えたらいいと思うのです。しかし、そう言うとすぐに信仰の問題だとか、宗教の問題だとか理屈をこねる。

そういう問題とは違うのです。それ以前の、はるか昔から大祓詞は唱えられているのですから。

この大祓詞は、日本人の祖先が本当に素直になって、無我になって聞いた言葉なのです。だから、それを素直に唱えなさいと言っているわけです。これを何度言ってもわからない人が多いので、私は自分で実行してやっているのです。

これを唱えれば罪・穢れが祓われるというのですから、年を取ってきて、ヨボヨボになるということもないわけです。素直に年を取って、素直に死んでいく。こういう人生を送るのが人間ではないかと思うのです。私は自分でもそういう人生を送りたいと思って、大祓を毎日唱えているんですね。

どうか皆さんも、祝詞の意味とか、そのようなことは一切考えず、無我になって「た、か、ま、が、は、ら」と、一言ひとこと唱えてみてください。しかもこの大和言葉というのは「あ、い、う、え、お」の母音をはっきり唱えるという言葉でありますから、一言ひとこと母音をはっきり発語するように、唱えてみてください。

それを繰り返し続けていけば、自分では気がつかなくても、少しずつでも罪・穢れは祓われていくのではないでしょうか。先にも触れましたが、この祝詞には神の偉大な知恵や、お力がこもっているのですから、唱えることによって神のエネルギーが自分の体内に入り、自分の持つ罪・穢れが新しい生命力となって、われわれに活力を与えてくれるのではないでしょうか。どうか繰り返し唱えてみてください。

神さまの本当の言葉

――ところで、大祓のなかで、「罪」について触れているところがございますね。

ええ。「罪」について記されているのは、「**あ**めのますひとらが　**あ**やまちおかしけむくさぐさの　つみごとは　**あ**まつつみくにつつみここだくのつみいでむ　かくいでば　**あ**まつみやごともちて　**あ**まつかなぎをもとうちきり　するうちたちてちくらのおきくらにおきたらはして」というところですね。

この文章を字の通りそのまま訳したのでは、本当の意味は分かりません。いつもお話しているように、大和ことばは、その文字の奥に、真実の意味が含まれております。

私は、この大祓を毎日唱えておりますが、ここのところまでくると、神さまのお心がひしひしと感じられ、人間の生きていく真実の姿を、見事に伝えておられるその偉大さに感動し、涙が出てくるのです。

「人間は、生きていくうちに、いろいろな罪を作ってしまうものです。しかし、いろいろなことで罪を作ってしまったら、それは過去にその原因があるのですから、それを充分に反省して、そしてそれが今後二度と行われないようにしなさい。そして全て神さまのお導きにしたがって、現在を全力で生きなさい。たといどんな厳しいことが現れても、また自分にどんな被害を与える人が現れても、それを恨んだり憎んだり、また仕返しをしてやろうなどと考えてはいけない。また苦しみを悩んだり、また逃げようと考えてもいけない。そのようなことは粉々に砕いて、ただ無我になってこの大祓詞を唱えなさい。そうすれば神さまはちゃんと見てくださっております。神さまが自分の心を聞いてくださったら、その時は全ての罪というものが祓われ、霧のように消えていきますよ」

ということを神さまはここで、素晴らしいお力を込めて申されているのがひしひしと感じられるのです。

何か苦しいことがあると、誰でも悩んで逃げたくなりますし、また被害を与えられますと、どうしてもそれに反抗して力で打ち砕こうとします。しかし、それは人間の生き方ではなく、動物の生き方ということになります。どんなに厳しいことが起きても、周囲を変えないで自分自身を変えるのが人間の生き方です。

これは不可能に近いほど難しいことではありますが、しかし難しいからこそ、それを乗り越えて厳しさが幸せに変わったときの喜びというのは大きく、それは体験した人でなければ分かりません。このようにして、動物ではできないことをやり遂げることによって、人間は少しずつ進歩して、神さまに近づいていくのではないでしょうか。

このように本を書いている私も、もちろんできません。できませんが、しかし少しでも神さまに近づきたいと努力して現在までやってきました。人生というものは、このようなことの繰り返しで、実に厳しいものですが、厳しいからこそ進歩があります。やさしいことを行っても決して進歩はありません。私もこの年になって、少しは神さまに近づけたかなと感じてはおりますが、今後どれだけ進歩できるか分かりません。

それでも少しでも努力を続ける。こうして一生かかって進歩していくのが人生ではないでしょうか。

罪は、このようにして幸せに変わって、祓われていきますが、しかし一生涯かかっても償うことのできない、また祓うことのできない罪だけは犯してはならないと思っています。それは一口で言えば、神さまから与えられた、続いているいのちを絶つということです。例えば、人を殺したり、また自らの命を絶ったり、あるいは二度と立ち上がれないように人を陥れたり、また親が子供にいのちを伝えない、このような罪は神さまに反する罪でありますから、罪の中でも一番大きな罪です。このような罪は一生かかっても祓うことができず、次の世代、またもっと先の世代に伝わっていくのではないでしょうか。

今、世界は争いの連続で、毎日のように殺人が行われています。やっつけたり仕返しをしたり、まことに愚かなことです。このままでは人類は間違いなく滅んでしまいます。相手を憎むというのではなく、自分を変えることによって、全てを幸せにかえていく。これを世界中の人々がやることができれば、この地球上に素晴らしい世界が現れてくるでしょう。これはまだまだ遠い未来のことかもしれませんが、しかし諦めないで一人一人、それを行うようにしていけば、いつかは神の世界がこの地球上に現れてくると私は思っています。

——神さまのお力によって罪が祓われていくのですね。

ええ。私は、このことに気づくのに、この年まで、七十数年かかりました。子供のときから神さまの導きにしたがって生かされるという、無我の生活をしてきたというよりは、させられてきました。その長年の年月の結果、そのような意味ではないかと感じるようになったのです。

そうした生き方が完全にできるかどうかわかりませんが、それに向かって生きていくというのが人生ではないでしょうか。死ぬときは、そうやって安らかにあの世へ行く。これが人生だと思います。死ぬときに病気で苦しんだりというのは、本当の人生ではない。神さまは、そういうふうに人間をおつくりになったのではないと思います。

死ぬということは存在しないのだから、ただ、たましいが黄泉の国へ行って、またよみがえってくるということです。世の中はそういう循環のシステムになっているのですから、またこちらへ帰ってきて、何度も生まれ変わって少しずつ進化していく。最後は神さまと一つになる。これが人生だと思います。それをやっているのが日本人だと思うのです。

この生き方を全世界の人間がわかったら、この世の中に戦争なんてなくなってしまうでしょう。ですから、戦争反対などと言っている間は、戦争が起こるんです。そうではなくて、根本的なことをきちんとやれば、戦争などというのはなくなってしまうのです。

戦争に限らず、何ごとも自然になくなるというのが本当だと思います。いまのように汚職とか、殺人とか、そういうことがのべつあるでしょう。それを法律とか規制とか、何とかしようと言っている間は、まだまだです。日本人が本当にこういうものに目覚めてくれれば、汚職もなくなるし、殺人もなくなります。本当にいい世の中になってくるでしょう。だから、内側からよくしなければいけないのです。外側からやっているうちは、まだまだということです。

私は子どもの頃から古典落語をよく聞きました。名人と言われる落語家がその噺をすると、何度同じ落語を聞いても面白いのです。その落語の文章は全部知っておりますし、その落語家の語りも何度も聞いておりますが、それなのになぜ楽しいのかなと子供心に思っていました。

普通の話でしたら、次に同じ話をすれば、それは聞いたから面白くないと皆は言うでしょう。しかし古典落語は違います。古典落語というものは昔に作られ、たくさんの落語家がそれを語るごとに少しずつ少しずつ直されて、いまでは最高の文になった落語なのです。ですから、この落語の話の中に神の真実のいのちが含まれているのでありまして、それを名人の落語家が理屈をこえて語るため、何度聞いても感動するのだと思うのです。

また、子どもの頃は、祖父母や母から毎日のようにおとぎ話を聞きました。何度も聞いているのですから、話は全部知っておりますが、それでも聞くたびに楽しく、知らないうちに眠ってしまうこともありました。

日本のおとぎ話は、これも昔に作られたお話で、時が経つごとに少しずつ変わり、永年の間に研ぎ澄まされた話でありますから、この話の中には神のいのちがあり、そのために何度聞いても感動するのだと私は思います。このように、神のいのちを含んで伝える言葉は永遠に続き、御力《みりょく》を失わないのです。

大祓詞は、平安時代からずっと途絶えることなく伝えられております。これも昔、作られた祝詞をそのまま繰り返し繰り返し伝えられ、唱えられ、しかも現在でも唱えるたびに感動を覚える言葉であります。これはまさに神のいのちを伝える言葉であるからこそ、であります。

このように考えますと、千年以上も同じ言葉を唱えながら、しかも永遠に感動を失わない言葉は、まさに神の神秘の言葉という以外に表現することはできません。難しい説明をすることはありません。この続いているということだけを知っていただければ、この祝詞の素晴らしさはお分かりいただけると思うのです。

敷島の日本《やまと》の国は言霊の佐《たす》くる国ぞ真幸《まさき》くありこそ

万葉の歌人、柿本人麻呂がこう歌ったように、この日本の国の言葉にはたましいがあり、昔から言霊の国と言われてきました。先にも述べましたように、言葉はもともと神さまの知恵です。自然から伝わってくる知恵を表現するために現れてきたものです。すなわち、いのちを表現するのが言葉ですから、言葉には当然たましいがあるのです。

大和言葉は、その神さまのいのちをそのまま表現している言葉ですから、日本の国が「言霊の国」というのは、本当のことなのです。そして、神さまのすばらしい言葉を唱えることによって、人間が作られていくというのが、本当の言霊の世界だと思います。

現在のように理屈だけの言葉を唱える風潮がはびこり、とくに若い人たちが話している言葉を聞いても、何を言っているのか全く分かりません。これは流行とか時代とかそういうことではなく、言葉本来のたましいが失われ、日本人がだんだんと滅びていく姿であろうと、私には感じられるのです。

もう冗談を言っている時ではありません。祖先たちが伝えてきた真実の知恵の言葉に目覚めなければ、日本の未来はありません。そのための言葉が「大祓詞」で、これは最高の神さまの言葉です。日本人にはこれしかないのです。これを日本人がみな、毎日、無我になって唱えることが、今ほど必要なときはないと思うのです。

おわりに

永六輔さんが、「文芸春秋」の平成十五年十二月臨時増刊号に、素晴らしい文章を書かれていました。私もこの雑誌に執筆していて、たまたま目に触れたのですが、長年、私が探求してきたことと表現は違いますが、永六輔さんも同じこころで書かれていたことに感動しました。

どのようなことが書いてあったのか、私の言葉も加えながら、その一部を記します。私が知恵と知識の違いについて、皆さんにぜひ分かっていただきたいと思うのは、こういうことなのです。

○「あの世」があると思うこと、これは知恵です。「あの世」などないと思うこと、これは知識です。たしかに知識でいえば、「あの世」などあるはずもないし、神もいないのでしょう。
○日本人は仏教が入ってきたとき、それを取り入れ、神仏の習合の道をえらびました。これは知恵ではないでしょうか。それに対し、ユダヤ教、イスラム教、キリスト教はお互いに争って戦っています。この三つの宗教は、「正義」、「戒律」、「愛」を大切にしていて、知識はあるのですが知恵がないのです。
○知恵は文化を作り、知識は文明を発達させてきましたが、この二つのバランスを取れないのが、人間の不幸です。
○計算機という文明が、算盤《そろばん》という文化を蹴散《けち》らしたために、日本人の暗算能力はどんどん低下しています。世界に誇る日本人の暗算能力があって、コンピューター社会を押し上げてきたのですが、計算機があれば算盤は不要というような知識が大切にされて、知恵が失われているのです。これは文化が滅ぶということではないでしょうか。
○知恵が文化だというのは、それが経験の積み重ねからしか生まれてこないからです。知識は、いろいろなものを発見して派手な話題にもなりますが、知恵は、発見するものではなく、伝承されるものなのです。
○この世の中は、知恵（いのち）で成り立っています。そして知識は、知恵の土台の上に存在するのです。ですから知恵のない知識は、本当の知識ではなく、滅亡するのみです。
○医療こそ経験の世界であり、初心者はひたすら勉強するのみです。そして「手当て」という優しさの知恵を先輩から伝えてもらうべきなのです。ところが、大学を卒業し、医師の資格を得たら、それで一人前の医者と考え違いをして、検査・データという数字の世界、すなわち知識だけを頼りに、医療ミスを繰り返しているのです。
○共生の生き方は日本人の優れた知恵です。ところで、家庭の中にいろいろな問題が起こり、その相談に来られる方があります。「それは祖先の祀《まつ》りが行われていないのが原因ですから、祖先の祀りを常に行なうように」といっても、まったく理解してもらえません。「そんなことより、どのように話し合ったらよいのですか」などというようなことばかり質問します。家庭というのは、祖先との共生という知恵の土台の上に成り立っているのです。そして「いのち」というのは、祖先から伝わってきているのです。ですから、祖先を敬いお祀りするのでなければ、本当はなにも解決しないのです。祖先と共生して、祖先がお悦びくださるならば、自然におのずから問題は解決していくのです。

なお本書に収録した大祓のCDは、本文でもふれましたが、平成十五年の春日若宮御出現一千年祭における、当社の神職による大祓奏上の録音によるものです。

最後に、本書の刊行にさいし、ご尽力をいただきました、春秋社社長の神田明氏、編集部の佐藤清靖氏はじめ、関係の各位にこころからの御礼を申し上げます。

平成十六年四月一日

葉室頼昭

大祓全文

おおはらえのことば

たかまのはらにかむづまります　**す**めらがむつかむろぎ　**か**むろみのみこともちて　**や**ほよろづのかみたちを　かむつどへにつどへたまひ　**か**むはかりにはかりたまひて　**あ**がすめみまのみことは　とよあしはらのみづほのくにをやすくにとたひらけくしろしめせと　ことよさしまつりき　**か**くよさしまつりしくぬちにあらぶるかみたちをば　**か**むとはしにとはしたまひ　**か**むはらひにはらひたまひて　こととひしいはねきねたちくさのかきはをもことやめて　**あ**めのいはくらはなち　**あ**めのやへぐもを　いづのちわきにちわきて　**あ**まくだしよさしまつりき　**か**くよさしまつりしよものくにになかと　**お**ほやまとひだか

みのくにを　**や**すくにとさだめまつりて　**し**たついはねにみやばしらふとしきたて　**た**かまのはらにちぎたかしりて　**す**めみまのみことのみづのみあらかつかへまつりて　あめのみかげひのみかげとかくりまして　**や**すくにとたひらけくしろしめさむくぬちに　なりいでむ　**あ**めのますひとらが　**あ**やまちおかしけむくさぐさの　つみごとは　**あ**まつつみくにつつみここだくのつみいでむかくいでば　**あ**まつみやごともちて　**あ**まつかなぎをもとうちきり　すゑうちたちて　ちくらのおきくらにおきたらはして　**あ**まつすがそをもとかりたちすゑかりきりて　やはりにとりさきて　**あ**まつのりとのふとのりとごとをのれ**か**くのらば　**あ**まつかみはあめのいはとをおしひらきて　**あ**めのやへぐもをいづのちわきにちわきて　きこしめさむ　**く**につかみはたかやまのすゑひきやまのすゑにのぼりまして　**た**かやまのいほりひきやまのいほりをかきわけてきこしめさむ　**か**くきこしめしてば　つみといふつみはあらじと　**し**なとのかぜのあめのやへぐもをふきはなつことのごとく　**あ**したのみぎりゆふべのみぎ

りを　**あ**さかぜゆふかぜのふきはらふことのごとく　**お**ほつべにをるおほふねを　**へ**ときはなち　ともときはなちておほうなばらにおしはなつことのごとく　**を**ちかたのしげきがもとを　**や**きがまのとがまもちて　うちはらふことのごとく　のこるつみはあらじと　**は**らへたまひきよめたまふことを　**た**かやまのすゑひきやまのすゑより　**さ**くなだりにおちたぎつはやかわのせにます　**せ**おりつひめといふかみ　**お**ほうなばらにもちいでなむ　かくもちいでいなば　**あ**らしほのしほのやほじのやしほぢのしほのやほあひにます　**は**やあきつひめといふかみ　もちかかのみてむ　**か**くかかのみてば　いぶきどにます　**い**ぶきどぬしといふかみ　**ね**のくに　**そ**このくににいぶきはなちてむ　**か**くいぶきはなちてば　**ね**のくにそこのくににます　**は**やさすらひめといふかみ　もちさすらひうしなひてむ　**か**くさすらひうしなひてば　**け**ふよりはじめてつみといふつみはあらじと　**は**らへたまひきよめたまふことを　きこしめせと　**か**しこみかしこみもまをす

〔付〕大祓詞

＊日本の歴史は語り部によって伝えられ、それが初めて文字で書かれて『古事記』という書物ができたように、大祓の詞も、もともと唱えることによって伝えられてきました。それが今から約八百七十年ほど前に、文字として書かれるようになりました。参考までに、漢字交じりの文を挙げてみましたが、この漢字の意味を追うのではなく、無我のこころで、声に出してお唱えすることが大事です。

高天原《たかまのはら》に神留《かむづま》り坐《ま》す　皇親《すめらがむつ》神漏岐《かむろぎ》　神漏美《かむろみ》の命《みこと》以ちて　八百万《やほよろづの》神等《かみたち》を　神集《かむつど》へに集《つど》へ賜《たま》ひ　神議《かむはか》りに議《はか》り賜《たま》ひて　我《あ》が皇御孫命《すめみまのみこと》は　豊葦原瑞穂国《とよあしはらのみずほのくに》を　安国《やすくに》と平《たひら》けく知《し》ろし食《め》せと　事依《ことよ》さし奉《まつ》りき　此《か》く依《よ》さし奉《まつ》りし国中《くぬち》に　荒振《あらぶ》る神等《かみたち》をば　神問《かむと》はしに問《と》はし賜《たま》ひ神掃《かむはら》ひに掃《はら》ひ賜《たま》ひて　語問《ことと》ひし磐根《いはね》　樹根立《きねたち》　草《くさ》の片葉《かきは》をも語止《ことや》めて　天《あめ》の磐座《いはくら》放《はな》ち　天《あめ》の八重雲《やへぐも》を　伊頭《いづ》の千別《ちわ》きに千別《ちわ》きて　天降《あまくだ》し依《よ》さし奉《まつ》りき　此《か》く依《よ》さし奉《まつ》りし四方《よも》の国中《くになか》と大倭日高見国《おほやまとひだかみのくに》を安国《やすくに》と定《さだ》め奉《まつ》りて　下《した》つ磐根《いはね》に宮柱《みやばしら》太敷《ふとし》き立《た》て　高天原《たかまのはら》に千木《ちぎ》高知《たかし》りて皇御孫命《すめみまのみこと》の瑞《みづ》の御殿《みあらか》仕《つか》へ奉《まつ》りて　天《あめ》の御蔭《みかげ》　日《ひ》の御蔭《みかげ》と隠《かく》り坐《ま》して　安国《やすくに》と平《たひら》けく知《し》ろし食《め》さむ国中《くぬち》に成《な》り出《い》でむ天《あめ》の益人等《ますひとら》が　過《あやま》ち犯《をか》しけむ種種《くさぐさ》の罪事《つみごと》は　天《あま》つ罪《つみ》　国《くに》つ罪《つみ》　許《こ》許《こ》太《だ》久《く》の罪《つみ》出《い》でむ　此《か》く出《い》でば　天《あま》つ宮事《みやごと》以《も》ちて　天《あま》つ金木《かなぎ》を本打《もとう》ち切《き》り　末打《すゑう》ち断《た》ちて

千《ち》座《くら》の置座《おきくら》に置《お》き足《た》らはして　天《あま》つ菅麻《すがそ》を本刈《もとか》り断《た》ち　末刈《すゑか》り切《き》りて　八針《やはり》に取《と》り辟《さ》きて
天《あま》つ祝詞《のりと》の太祝詞事《ふとのりとごと》を宣《の》れ

　此《か》く宣《の》らば　天《あま》つ神《かみ》は天《あめ》の磐門《いはと》を押《お》し披《ひら》きて　天《あめ》の八重雲《やへぐも》を伊頭《いづ》の千別《ちわ》きに　千別《ちわ》きて聞《き》こし食《め》さむ　国《くに》つ神《かみ》は高山《たかやま》の末《すゑ》　短山《ひきやま》の末《すゑ》に上《のぼ》り坐《ま》して　高山《たかやま》の伊褒理《いほり》　短山《ひきやま》の伊褒理《いほり》を掻《か》き別《わ》けて聞《き》こし食《め》さむ　此《か》く聞《き》こし食《め》してば　罪《つみ》と言《い》ふ罪《つみ》は在《あ》らじと　科戸《しなと》の風《かぜ》の天《あめ》の八重《やへ》雲《ぐも》を吹《ふ》き放《はな》つ事《こと》の如《ごと》く　朝《あした》の御霧《みぎり》　夕《ゆふべ》の御霧《みぎり》を　朝風夕風《あさかぜゆふかぜ》の吹《ふ》き払《はら》ふ事《こと》の如《ごと》く　大津辺《おほつべ》に居《を》る大船《おほふね》を　舳解《へと》き放《はな》ち　艫解《ともと》き放《はな》ちて　大海原《おほうなばら》に押《お》し放《はな》つ事《こと》の如《ごと》く　彼方《をちかた》の繁木《しげき》が本《もと》を　焼《やき》鎌《がま》の敏鎌《とがま》以《も》ちて　打《う》ち掃《はら》ふ事《こと》の如《ごと》く　遺《のこ》る罪《つみ》は在《あ》らじと　祓《はら》へ給《たま》ひ清《きよ》め給《たま》ふ事《こと》を　高山《たかやま》の末《すゑ》

　短山《ひきやま》の末《すゑ》より　佐久那太理《さくなだり》に落《お》ち多岐《たぎ》つ　速川《はやかは》の瀬《せ》に坐《ま》す瀬織津比売《せおりつひめ》と言《い》ふ神《かみ》　大海原《おほうなばら》に持《も》ち出《い》でなむ　此《か》く持《も》ち出《い》で往《い》なば　荒潮《あらしほ》の潮《しほ》の八百道《やほぢ》の八潮道《やしほぢ》の潮《しほ》の八百会《やほあひ》に坐《ま》す速開都《はやあきつ》比売《ひめ》と言《い》ふ神《かみ》　持《も》ち加加呑《かかの》みてむ　此《か》く加加呑《かかの》みてば　気吹戸《いぶきど》に坐《ま》す気吹戸主《いぶきどぬし》と言《い》ふ神《かみ》　根《ね》国《くに》　底国《そこのくに》に気吹《いぶ》き放《はな》ちてむ　此《か》く気吹《いぶ》き放《はな》ちてば　根国《ねのくに》　底国《そこのくに》に坐《ま》す速佐須良比売《はやさすらひめ》と言《い》ふ神《かみ》　持《も》ち佐須良《さすら》ひ失《うしな》ひてむ　此《か》く佐須良《さすら》ひ失《うしな》ひてば　今日《けふ》より始《はじ》めて罪《つみ》と言《い》ふ罪《つみ》は在《あ》らじと

　祓《はら》へ給《たま》ひ清《きよ》め給《たま》ふ事《こと》を　聞《き》こし食《め》せと　恐《かしこ》み恐《かしこ》みも白《まを》す

〔付〕最要祓《さいようはらい》

高天原《たかまのはら》爾《に》神留《かむづま》里《り》坐《ま》須《す》
皇《すめら》賀《が》親《むつ》神《かむ》漏《ろ》岐《ぎ》神《かむ》漏《ろ》美命《みのみこと》以《も》知《ち》氏《て》
天《あま》都《つ》祝詞《のりと》乃《の》太《ふと》祝詞《のりと》事《ごと》乎《を》宣《の》礼《れ》
此《か》久《く》宣《の》良《ら》婆《ば》罪《つみ》登《と》云《い》布《ふ》罪《つみ》
咎《とが》登《と》云《い》布《ふ》咎《とが》波《は》在《あ》良《ら》自《じ》登《と》
祓《はらへ》給《たま》比《ひ》清《きよめ》給《たま》布《ふ》事《こと》乃《の》由《よし》乎《を》
八《や》百萬神《ほよろづのかみ》等《たち》諸《もろ》共《とも》爾《に》
左《さ》男《を》鹿《しか》乃《の》八《やつ》乃《の》耳《みみ》乎《を》振《ふり》立《た》伝《て》氏《て》
聞食《きこしめ》世《せ》登《と》白《まを》須《す》

＊春日大社に古くから伝わるお祓いの祝詞で、大祓詞（中臣祓詞）の最も大切なところ（最要）だけをよんだ祓詞。春日大社では現在、この祝詞の書写を行っています。

著者略歴
昭和２年　東京に生まれる
昭和28年　学習院初・中・高等科をへて、大阪大学医学部卒業
昭和30年　大阪大学医学部助手
昭和33年　医学博士
昭和38年　大阪市大野外科病院長
昭和43年　葉室形成外科病院を開業
平成３年　神職階位・明階を取得
平成４年　枚岡神社宮司
平成６年　春日大社宮司
平成11年　階位・浄階、神職身分一級を授けられる
平成21年１月、逝去
著　　書『〈神道〉のこころ』『神道と日本人』『神道　おふくろの味』
『神道　見えないものの力』『神道　感謝のこころ』
『神道〈いのち〉を伝える』『神道　いきいきと生きる』
『神道〈徳〉に目覚める』『神道　夫婦のきずな』
『神道　心を癒し自然に生きる』『神道と〈うつくしび〉』
『神道と〈ひらめき〉』『神道〈はだ〉で知る』
『ＣＤブック　大祓　知恵のことば』（以上、春秋社）
『御力』（世界文化社）『にほんよいくに』1〜5（冨山房）

CDブック　大祓　知恵のことば
二〇〇四年七月三十一日　第一刷発行
二〇二三年五月二十五日　第二六刷発行
著者　葉室頼昭
発行者　小林公二
発行所　株式会社春秋社
東京都千代田区外神田二-一八-六（〒一〇一-〇〇二一）
電話〇三-三二五五-九六一一
振替〇〇一八〇-六-二四八六一
https://www.shunjusha.co.jp/
印刷所　萩原印刷株式会社
装丁　本田　進
定価はカバー等に表示してあります
2004 © ISBN 4-393-97017-9